1.ͬ Décembre. 1892.

V

CATALOGUE

DES

COLLECTIONS du Docteur LECOUPEUR

DONT LA VENTE AURA LIEU

A BOISGUILLAUME, près Rouen,

Section des Cottes, route de Maromme, 33 (à 30 minutes de la gare de la rue Verte).

Les Mercredi 30 Novembre,

et Jeudi, Vendredi, Samedi et Dimanche,

1ᵉʳ, 2, 3 et 4 Décembre 1892

à une heure d'après-midi,

Par le ministère de Mᵉ HENRY DAVID, huissier-audiencier à Rouen, 73, rue de la Vicomté.

EXPOSITION

LES DIMANCHE 27 ET LUNDI 28 NOVEMBRE,

DE UNE HEURE A QUATRE HEURES ET DEMIE D'APRÈS MIDI,

ET LE 30 NOVEMBRE (PREMIER JOUR DE VENTE)

DE 9 HEURES A 11 HEURES DU MATIN.

ROUEN

DE L'IMPRIMERIE GAGNIARD

1892

TABLEAUX

1. — 2 dessins au crayon, lavé en couleur et gouaché en en blanc, largeur du dessin 0,32 c., hauteur 0,47 c. (Signature L. Buton.)

2. — Gravure, *Mon âme glorifie le Seigneur* (J. Jouvenet), l. 0,37, h. 0,55.

3. — Peinture sur cuivre, une *Madeleine*, l. 0,15, h. 0,21.

4. — Peinture sur cuivre, *Adoration des Mages*, l. 0,10, h. 0,16.

5. — *Le Christ et sa mère*, peinture émail sur cuivre, l. 0,10, h. 0,09.

6. — Portrait du Titien peint par lui-même, du cabinet de l'Empereur, marqué 195, A. E. N., l. 0,30, h. 0,42.

7. — *Le Christ mort sur les genoux de sa mère*, peinture sur cuivre, l. 0,29, h. 0,36.

8. — Lithographie, *Ascension de la Vierge*, l. 0,55, h. 0.75.

9. — Un cadre, dessins au crayon et à la plume : 8 à la plume, 4 au crayon, la plupart de M. H. Langlois, l. 0,55, h. 0,65.

10. — Une gravure coloriée de Pankoucke, gravée par Allais : Monuments d'Égypte, l. 0,40, h. 0,57.

11. — Lithographie, portrait de Walter Scott, lithographié par Garnier, l. 0,24, h. 0,28.

12. — Lithographie, portrait d'Archimède d'après Bouchar-
don, lithographie de Delaraille, l. 0,23, h. 0,29.
13. — Peinture, *Une vache*, paysage.
13 *bis*   id.   id.   id.   l. 0,16, h. 0,11.
14. — Peintures sur panneaux, ovales, *Deux docteurs espagnols*,
l. 0,25, h. 0,30 (maître inconnu).
15. — Peinture, *Le Christ donnant les clefs à saint Pierre*.
15 *bis*.   id.   *Saint Sébastien* (signés Mounas ou Monnier),
l. 0,28, h. 0,50.
16. — Peinture sur cuivre, paysage avec figures (par Cornu ou
Cornis), l. 0,64, h. 0,37.
17. — Peinture sur cuivre, paysage avec figures (du même),
h. 0,37, l. 0,64.
18. — Peinture, tête de Juif (maître inconnu), l. 0,41, h. 0,49.
19. — Peinture (genre Jouvenet), l. 0,72, h. 0,57.
20. — Peinture, paysage (maître inconnu), l. 0,18, h. 0,13.
21. — Peinture, *Enfant lisant* (Espérance Langlois), l. 0,15,
h. 0,19.
22. — Peinture, marine (de E.-H. Langlois), l. 0,23, h. 0,22 .
23. — Peinture, paysage avec figures, *le Christ et le Diable*
(maître inconnu), l. 0,83, h. 0,54.
24. — Peinture sur cuivre, *Faust et la mort*, l. 0,16, h. 0,22.
25. — Peinture, coquillages (par P. Dinard) 1637, l. 0,32,
h. 0,25.
26. — Peinture, *Portrait de femme* (signé sur le derrière du
panneau : fecit, 1620 ÆTATIS 22), l. 0,50, h. 0,62.
27. — 1 sépia (sig. Godefroy), l. 0,13, h. 0,18.
28. — 1 dessin à la plume (E.-H. Langlois), l. 0,13, h. 0,18.
29. — *Un buveur* (signé Teniers, et sur le derrière David),
l. 0,14, h. 0,17.
39. — 1 autre (du même).

31. — Marine (de Mme Bourlet, née Espérance Langlois),
l. 0,44, h. 0,28.

32. — Peinture, *Une femme jouant de la vielle* (sans signature), l. 0,60, h. 0,75.

33. — Peinture, *Cérès et l'Amour*, l. 0,95, h. 1,25.

34. — Peinture, fleurs, l. 0,67, h. 0,77.

35. — Peinture genre (sig. Mme Bourlet, née Langlois), l. 0,63, h. 0,52.

36. — Peinture, *Portrait de dame*, ovale, l. 0,32, h. 0,39.

37. — Peinture marine (par Guinderont), l. 0,49, h. 0,25.

38. — Pastel, *Natures mortes*, l. 0,54, h. 0,44.

39. —   id.   id.   l. 0,54, h. 0,44.

40. — Peinture, paysage avec figures (signature illisible), l. 0,28, h. 0,37.

41. — Peinture, *Tête de Femme* (maître inconnu), l. 0,36, h. 0,44.

42. — Peinture, *Tête d'enfant* (maître inconnu), l. 0,31, h. 0,40.

43. — 4 petites peintures à l'huile, paysages sur cuivre (sur le derrière signé Courtois Huet, 48), l. 0,13, h. 0,10.

44. — Pastel, 4 tableaux représentant les *Quatre Saisons*, l. 0,32, h. 0,40.

45. — Peinture marine (G. Rabit), l. 0,39, h. 0,31.

46. —   id.   id.   id.

47. — Aquarelle, *Un brigand* (Mlle Espérance Langlois), l. 0,22, h. 0,33.

48. — 1 dessin à la mine de plomb (H. Langlois), l. 0,22, h. 0,18.

49. — Aquarelle gouachée, *Mont-Saint-Michel* (sig. Mansson, 1836), l. 0.30, h. 0,38.

50. — Dessin à la plume, *Un mendiant*, (E.-H. Langlois), l. 0,18, h. 0,25.

51. — Paysage à la plume (E.-H. Langlois), l. 0,20, h. 0,26.

52. — Aquarelle, sujet de genre (Mme B.-Espérance Langlois).

53. — Aquarelle, paysage (Mansson), l. 0,13, h. 0,09.

54. — Aquarelle, sujet de genre (L. Tesson), l. 0,13, h. 0,10.

55. — Peinture sous verre, ovale, l. 0,11, h. 0,24.

56. —   id.   id.   id.   id.

57. — Aquarelle, sujet de genre (Espérance Langlois), l. 0,17, h. 0,26.

58. — Aquarelle (L. Tesson), l. 0,13, h. 0,10.

59. — Aquarelle (L. Tesson), l. 0,13, h. 0,10.

60. — Aquarelle italienne (Espérance Langlois), l. 0,07, h. 0,10.

61. — Peinture sous verre, cadre rond, marine, l. 0,15, h. 0,15.

62. — Peinture sous verre, cadre rond, marine, l. 0,15, h. 0,15.

63. — Dessin au crayon dur, pastel, sujet de genre (de Gustave Morin), l. 0,26, h. 0,34.

64. — Autre sujet (par le même).

65. — Dessin sepia (sig. H.-P.), l. 0,21, h. 0,18.

66. — Dessin, crayon Conté (Gustave Drouin), l. 0,30, h. 0,21.

67. — Aquarelle, *Un Grec*, (Espérance Langlois), l. 0,07, h. 0,10.

68. — Peinture, *Nature morte* (par Serda), l. 0,16, h. 0,21.

69. — Lithographie d'après le tableau de E. Deveria, lith. par A. Deveria, *Présentation du Dauphin*, l. 0,52, h. 0,65.

70. — Aquarelle (de Tesson), l. 0,13, h. 0,10.

71. —   id.   id.   id.

Belles Gravures anciennes non encadrées.

FAIENCES, PORCELAINES & VERRERIES ANCIENNES

1. — *Niedervillers*.. 4 assiettes décor, œillet et rose.
2. —   —   2 plats ronds, décor de fleurs.
3. —   —   2 plats ronds, décor de fleurs, plus petits.
4. — *Strasbourg* ... 1 plat, décor fleurs.
5. —   —   1 soupière ovale avec plateau, décor chinois.
6. —   —   1 plat ovale, décor fleurs.
7. —   —   1 plat ovale, décor fleurs.
8. —   —   1 plat ovale, décor fleurs et oiseaux.
9. — *Niedervillers*.. 11 assiettes, décor de fleurs à la tulipe.
10. — *Strasbourg* ... 12 assiettes décor de fleurs, bord dentelé.
11. —   —   10 assiettes dentelées, décor fleurs et oiseaux.
12. —   —   6 assiettes décor de fleurs.
13. — *Aprey* .... 1 soupière ovale, décor de fleurs au naturel, très fine.
14. — *Strasbourg* ... 1 huilier, faïence, avec burettes en verre taillé.

15. — *Strasbourg*... 1 saladier et un compotier, décor fleurs.
16. — *Niedervillers* . 1 jardinière ovale, décor fleurs.
17. — *Strasbourg*... 1 corbeille ronde à jour, décor fleurs.
18. —   —   2 jardinières carrées, décor fleurs.
19. —   —   1 cachepot, décor chinois.
20. — *Rouen*...... 2 petites bouteilles faïence, décor bleu.
21. — *Japon* .... 6 assiettes creuses et 3 plats, décor
                      bleu, porcelaine.
22 —   —   1 théière porcelaine, décor bleu, mon-
                      ture argent.
23. — *Saint-Clément*. 1 corbeille ovale, faïence.
24. — *Delt*......... 2 compotiers faïence, décor bleu.
25. — *Rouen*...... 1 soupière ronde faïence, décor poly-
                      chrome.
26. — *Japon* .... 1 grand plat rond porcelaine, décor
                      bleu, « Chasse aux cerfs ».
27. — *Rouen*...... 1 fontaine faïence avec son bassin,
                      décor polychrome.
28. — 3 corbeilles ajourées et leurs plateaux vannerie, terre
      de pipe.
29. — 3 plateaux vannerie, terre de pipe.
30. — 1 soupière ronde et son plateau, terre de pipe.
31. — *Rouen*...... 1 plat décor bleu.
32. —   —   1 plat ovale, décor bleu.
33. — 1 saucière et son plateau, terre de pipe.
34. — 9 pots à crème avec plateau en terre de pipe.
35. — *Vienne*...... 1 cafetière porcelaine, décor fleurs et
                      or.
36. — *Chine*....... 1 théière porcelaine, décor en relief.
37. — *Japon* .... 1 théière porcelaine, décor fleurs et
                      or.
38. —   —   4 tasses à thé.

39. — *Japon* . . . . 2 tasses à thé, bordure côtelée, décor fleurs.

40. — 2 sucriers porcelaine du duc d'Angoulême.

41. — *Paris* . . . . 1 petite soupière ronde avec plateau, décor d'oiseau et or.

42. — *Vieux Chine* . . 6 tasses à café et leurs soucoupes, famille verte.

43. — — 1 sucrier et 1 théière famille rose.

44. — — 2 bols porcelaine.

45. — *Chine et Japon*. 5 petites tasses à thé et leurs soucoupes.

46. — 2 petites bouillottes à manche, en porcelaine à la Reine.

47. — *Saxe* . . . . 1 tasse et soucoupe porcelaine, décor avec sujet Watteau.

48. — *Chine* . . . . Soucoupe et pot à lait, famille rose.

49. — *Chine et Japon*. 5 assiettes porcelaine.

50. — *Sèvres* . . . . 1 petite écuelle avec son plateau, décor fleurettes.

51. — 1 carafe en verre côtelé, avec fleur de lys en relief.

52. — 1 petite cruche en verre de Venise.

53. — 2 carafons en verre taillé.

54. — 2 carafons carrés en verre émaillé avec chiffre et datés de **1661**.

55. — 1 huilier à tige, verre taillé.

56. — 1 cruche verre Venise.

57. — 1 plateau en verre taillé et doré et 7 verres à anses.

58. — 1 petit carafon verre taillé et doré.

59. — 1 plateau ovale avec 10 verres à pied gravés.

60. — 2 sucriers verre taillé doré.

61. — 1 sucrier avec plateau, verre taillé et doré.

62. — 1 sucrier verre taillé.

63. — 4 carafons verre taillé et gravé.

64. — 1 pot à eau et sa cuvette terre de pipe.

65. — 1 statuette faïence blanche (laveuse).
66. — 2 boîtes à thé, portatives, en laque avec théières en étain (à diviser).
67 à 78. — 1 fort lot de verres anciens de diverses formes et époques (à diviser).
79. — 1 verre d'eau en cristal taillé.

OBJETS D'ART, MEUBLES ANCIENS & PENDULES

80. — 1 chaise laquée.

81. — 1 table à ouvrage acajou.

82. — 2 flambeaux argentés.

83. — 1 petit baromètre.

84. — 2 coupes italiennes.

85. — 1 encrier cuivre.

86. — 1 boussole ancienne.

87. — 1 aquarium.

88. — 1 baromètre thermomètre ancien de Levasseur.

89. — 1 baromètre de Grenier.

90. — 1 petit tableau albâtre sculpté, « Songe de Jacob », avec cadre en bois sculpté, époque Louis XIII.

91. — 1 baromètre et 1 thermomètre époque Louis XIV, à filet de cuivre.

92. — 1 fauteuil canelé, époque Louis XV.

93. — 1 grand fauteuil en bois sculpté, époque de la Régence.

94. — 1 paire de chenets bronze doré, époque Louis XIII.

95. — 1 paire de chenets bronze doré, époque Louis XV.

96. — 1 paire de chenets bronze doré, époque Louis XV.

97. — 1 petit coffret en bois incrusté de nacre, époque Louis XIII.

98. — 1 petit cabinet Japon, laqué et incrusté de nacre avec garniture gravée et dorée.

99. — 2 candélabres à 4 lumières, en bronze doré, style Louis XV.

100. — 2 seaux à rafraîchir, en cuivre argenté, et plateaux.

101. — 2 grandes potiches en porcelaine de Chine, décor sujet mandarin.

102. — 2 statuettes chinoises en pierre de Laar.

103. — 6 mappemondes anciennes (à diviser).

104. — 1 boîte à thé en laque de Chine.

105. — 1 boîte à jeu, avec jetons, en nacre gravé.

106. — 1 coffret garni de bronze avec fleurs de lys, époque Louis XIII.

107. — 1 petit cartel porte-montre Louis XV, en bronze doré et ciselé.

108. — 1 petit bénitier en bronze doré et ciselé, époque Louis XV.

109. — 2 statuettes représentant la Vierge et le Christ, en bronze florentin, avec socle en marbre.

110. — 2 vases imitation marbre, style Empire.

111. — 1 paire de flambeaux à 4 feux, en bronze argenté, époque Louis XIV, avec girandoles époque Louis XVI.

112. — 1 paire de flambeaux bronze argenté, époque Louis XV.

113. — 2 statuettes représentant 2 anges à genoux, en buis sculpté.

114. — 1 coffret en fer, époque du xvie siècle.

115. — 1 boîte à ouvrage, plaquée en bois de violette, époque Louis XIV.

116. — 1 table de nuit, époque Louis XV, en bois de rose avec marbre blanc.

117. — 1 paire de flambeaux en bronze argenté, époque
Louis XV.

118. — 1 paire de flambeaux en bronze argenté, époque
Louis XV.

119. — 1 terre cuite de Bujon, représentant une sainte.

120. — 1 table de nuit forme ovale, en acajou, à dessus de
marbre entouré d'une galerie de cuivre, époque Louis XVI.

121. — 1 bénitier faïence Rouen, époque Louis XV.

122. — 1 coffret en bois de noyer, garni d'ornements en fer,
contenant 16 flacons, époque Louis XVI.

123. — 1 écran, fût en bois de noyer sculpté, époque
Louis XV, avec tapisserie au petit point, représentant
l'*Annonciation*.

124. — 1 statuette en buis sculpté, représentant la Vierge,
époque Louis XIV.

125. — 2 potiches porcelaine de Chine (modernes).

126. — 2 flambeaux bronze, époque Louis XVIII.

127. — 1 petit tabouret en bois sculpté, époque Louis XVI.

128. — 1 petite table en bois de rose, avec dessus de marbre
et filet de cuivre, époque Louis XV.

129. — 1 table en chêne à pieds tors, époque Louis XIII.

130. — 1 télescope.

131. — Longues-vues, instruments de physique, machine électrique, etc., etc. (à diviser).

132. — 1 écran Louis XV, en bois de noyer sculpté, avec
tapisserie moderne.

133. — 2 bustes en bronze, sur socle en marbre, représentant
Voltaire et J.-J. Rousseau, époque Louis XVI.

134. — 2 flambeaux à 3 lumières, avec girandoles, en bronze
ciselé et doré, époque Louis XVI.

135. — 1 paire chenets très jolis, en bronze doré, à tête de
femme, époque de la Régence.

136. — 1 table Louis XV, laquée, sur laquelle un plateau laqué avec dessins chinois.

137. — 2 appliques Louis XV, en bronze ciselé et doré.

138. — 2 flambeaux en bronze doré, style Louis XV.

139. — 2 encoignures Louis XVI, acajou, filet et galerie de cuivre autour du marbre.

140. — **Très joli cartel Louis XV**, en bronze ciselé et doré.

141. — Pendule régulateur, fin Louis XVI, acajou garni de bronze doré.

142. — Meuble de cabinet de travail composé de 2 fauteuils et 4 chaises en chêne sculpté, garnis de velours rouge, style Louis XIII.

143. — Joli bureau plat en acajou, garni de bronze doré, époque Louis XVI.

144. — Petite table-bureau, plaquée en bois de rose, époque Louis XVI.

145. — Petit guéridon en bois de noyer, à colonne torse, époque Louis XIII.

146. — 1 table style Louis XV, en bois verni.

147. — 1 étagère ronde en bois noir.

148. — 1 harpe éolienne.

149. — 1 console Louis XVIII, en acajou, avec filet de cuivre et galerie.

150. — 1 encoignure Louis XV, en laque de Chine, à dessus de marbre en brèche d'Alept.

151. — 2 fauteuils et 6 chaises Louis XV, recouverts en étoffe à fleurs.

152. — 1 coupe italienne en albâtre.

153. — **Belle pendule,** époque Louis XV, en marqueterie cuivre et écaille, garnie de bronze doré.

154. — 1 suspension à crémaillère en cuivre.

155. — **1 grand et magnifique cartel,** époque de
la Régence, en bronze ciselé et doré, sujet représentant
Flore et un Triton.

156. — 1 paire appliques, époque Louis XVI, à 3 lumières, en
bronze ciselé et doré.

157. — 1 paire appliques semblable à la précédente.

158. — 1 très beau baromètre époque Louis XIV, plaqué en
bois des Iles, sculpté et doré, avec support en bois doré.

159. — 1 très beau thermomètre semblable.

160. — 2 consoles encoignures, époque Louis XV, en bois
sculpté, peint et doré, avec tablette de marbre.

161. — 2 très belles encoignures en marqueterie de fleurs, pla-
quées en bois de rose et bois de violette, avec tablettes en
marbre brèche d'Alept, époque de la Régence.

162. — Meuble de salon composé de : 1 canapé, 6 fauteuils et
2 tabourets en bois de noyer sculpté, recouvert en damas
de soie rouge, époque de la Régence, en parfait état.

163. — 6 fauteuils en bois de noyer sculpté, recouvert en
damas de soie rouge, époque Louis XV, en très bon état.

164. — 1 lustre garni de cristaux, verre taillé à 6 lumières,
époque Louis XIII.

165. — Très joli secrétaire en marqueterie de fleurs et damier,
garni de bronze ciselé et doré, avec marbre en brèche
d'Alept, époque Louis XVI.

166. — Guéridon acajou, avec tablette d'un seul morceau,
époque Louis XVI.

167. — Bois de lit en bois sculpté et doré, époque Louis XV,
avec son baldaquin garni de rideaux de damas de soie
rouge.

168. — 1 canapé, 4 fauteuils et une bergère en bois sculpté,
peint et doré, recouvert en tapisserie d'Aubusson, avec
sujets de chasse, époque Louis XV.

169. — Jolie petite commode en marqueterie, avec paysages et monuments, garnie de bronze doré, avec marbre en brèche d'Alept, époque Louis XVI.

170. — Pendule-réveil en cuivre, époque Louis XVI.

171. — Petit guéridon plaqué en palissandre, incrusté de filets de cuivre, fin Louis XVI.

172 — Très jolie petite pendule plaquée en bois de rose, garnie de bronze doré et ciselé, avec son socle, époque Louis XV.

173. — Filet de glace Louis XV, bois sculpté et peint.

174. — Télescopes très bons.

175. — Machine électrique et ses accessoires.

176. — Nombreux instruments d'astronomie et de physique (à diviser).

LIVRES

Dictionnaires de Littré, de Louis Bouilhet (histoire et géographie, sciences, lettres et arts) ; *Merveilles de la Science*, de Louis Figuier ; *Dictionnaire d'histoire naturelle*, de F.-E. Guérin (Paris, 1834) ; *Histoire naturelle des oiseaux de terre, de mer et de rivière*, de Salerne (Paris, 1747) ; *Les Châtiments et l'Année terrible*, de Victor Hugo ; *Roland furieux*, de A. Mazuy ; Boileau (Paris 1813) ; *Histoire d'Angleterre*, de Goldsmith (Paris, 1837) ; *Marine française*, d'Eugène Sue (Paris, 1835) ; *Mille et une Nuits*, de Galland (Paris, 1839) ; *Notice sur l'incendie de la Cathédrale de Rouen*, par E.-B. Langlois, 1823 ; *Histoire de Rouen*, 1668 ; *Histoire de Normandie*, par Licquet (Rouen, 1835) ; *Contes* de La Fontaine, illustrés ; *France historique et monumentale*, par A. Hugo ; *La Bretagne*, par Pierre Chevallier (Paris, 1836) ; *Les figures appartenantes à la description de toutes les nations*, CAB.K.T.H.ETEPS YPTB, 1776 ; *Essai sur l'abbaye de Saint-Wandrille*, par M. Hyacinthe Langlois (Paris, 1827) ; Jules Verne, 3 volumes ; *Paradis perdu*, illustré, de Milton ; *Plantæ selectæ quarum images ad exem-*

plaria naturalia de Georgius Dionysius Ehret, illustré par Joannès Jacobus Augustinus Decuria, 1. A. R. S. 1750.

Histoire et description de Nîmes (Paris, 1842); *Châteaux et ruines historiques de France*, par Alexandre Lavergne (Paris, 1845).

Walter Scott complet.

Et autres ouvrages.

Les tableaux ont été catalogués par M. J. IMBERT, peintre à Rouen, et la désignation des meubles anciens et objets d'art a été faite par M. LEFRANÇOIS, antiquaire à Rouen.

La vente sera faite expressément au comptant avec 10 °/₀ en sus des prix, applicables aux frais.

ORDRE DE LA VENTE

Le *Mercredi*, les faïences et porcelaines.

Le *Jeudi*, les tableaux.

Le *Vendredi* et le *Samedi*, suite des tableaux s'il y a lieu, et les objets d'art et meubles anciens dans l'ordre du Catalogue, auquel il ne pourra être apporté que de légères modifications.

Le *Dimanche*, les livres et le mobilier meublant, dont la désignation sera donnée 48 heures d'avance dans les principaux journaux de Rouen.

www.ingramcontent.com/pod-product-compliance
Lightning Source LLC
LaVergne TN
LVHW011006180726
843502LV00007B/2361